Lk 229.

LE MEURTRE DE PROUVILLE

ÉPISODE DU XVIIᵉ SIÈCLE

Par M. Aᵗᵉ JANVIER,

Membre titulaire résidant de la Société des Antiquaires de Picardie.

Lu dans la Séance publique du 10 Juillet 1860.

AMIENS,
IMPRIMERIE LEMER AÎNÉ, PLACE PÉRIGORD, 3.

—

1861.

1862

(Extrait du tome XVIII des Mémoires de la Société des Antiquaires de Picardie.)

LE MEURTRE DE PROUVILLE,

ÉPISODE DU XVIIe SIÈCLE.

Le poignard de Ravaillac, en privant la France du seul roi dont le peuple ait gardé la mémoire, avait laissé le pays au pouvoir nominal d'un enfant de neuf ans, sous la tutelle d'une étrangère faible et superstitieuse. Le poids d'une couronne est lourd aux fronts féminins. Il faut d'ordinaire qu'un bras viril en vienne alléger le fardeau. Placée dans la difficile situation où la mettaient les embarras suscités par les grands et par les Huguenots que la puissante main du feu roi avait eu tant de peine à contenir, Marie de Médicis devait obéir à la fatale loi de l'obligation d'un favori. Elle prit pour mentor et pour guide de sa politique Concino Concini. Ni la grandeur du rang, ni l'éclat des services rendus, ni même les égarements du cœur, qui expliquent tant de mystères politiques, ne justifiaient un tel choix. Cet homme, naguères obscur, était florentin de naissance. N'ayant plus dans sa patrie, où sa conduite débauchée l'avait signalé au mépris de ses concitoyens, les moyens de soutenir son existence précaire, il s'était réfugié à Rome et y avait rempli les fonctions de croupier auprès du cardinal de Lorraine, qui y était alors. Au départ de son maître, après quelques mois de séjour dans la capitale du monde chrétien, Concini était revenu à Florence et était parvenu à entrer, en qualité de gentilhomme suivant, dans la maison de Marie de Médicis dont le mariage venait de se conclure avec Henri IV. Marie avait auprès d'elle, comme femme de chambre, sa sœur de lait, Léonora Dori. Cette fille, de basse naissance mais adroite, plus connue sous le nom de Galigaï qu'elle avait choisi, suivant un usage admis à Florence, qui permettait de s'approprier à prix d'argent le nom d'une famille éteinte, avait bientôt su prendre sur sa crédule maitresse un empire sans bornes. Concini, qui ne manquait pas d'esprit, s'attacha à cette femme, sut lui plaire et l'épousa bientôt, malgré le mécontentement qu'Henri IV avait toujours manifesté contre cette union. Le roi mort, la Galigaï ne tarda pas à gouverner entièrement la reine, et, par sa femme, Concini régna sur la France en maitre absolu (1).

Parvenu ainsi au faite du pouvoir, et pour faire oublier sa fortune rapide et sa basse extraction, Concini se fait appeler le marquis d'Ancre, du nom d'une terre

(1) Tallemant des Réaux, *Historiette du maréchal d'Ancre*.

qu'il avait achetée en Picardie au prix de 330,000 livres. Il se qualifie lieutenant-général des villes de Montdidier, Péronne et Roye, charge que lui avait cédée le marquis de Créqui pour 120,000 livres, puis de premier gentilhomme de la chambre du roi, titre qu'il avait acquis du duc de Bouillon pour 200,000 livres. Il obtient en outre les gouvernements d'Amiens, de Dieppe, du Pont-de-l'Arche et de Bourg-en-Bresse. Enfin, premier ministre, il se décerne le bâton fleurdelysé de maréchal de France, ce symbole de la seconde dignité militaire du royaume, qu'avaient porté avec honneur et conquis au prix de leur sang les Montmorency, les Clermont, les Boucicaut, les L'Ile-Adam, les Lafayette, les Saintrailles, les Crévecœur, les La Trémoille, les Coligny et les Biron, ce bâton de maréchal, récompense toujours enviée d'une carrière de valeur et de dévouement et qui, par ce triste exemple d'abaissement, allait, quelques mois plus tard, devenir la solde banale d'une arrestation ou d'un assassinat politique. Anciennement, dit Fontenay-Mareuil, ceux qu'on honorait de cette dignité se faisaient présenter au Parlement par un avocat qui, dans une audience, disait tout ce qui était de plus considérable en eux et leurs prédécesseurs (1). On eut soin cette fois de ne pas se conformer à cet antique usage. Concini n'avait jamais porté les armes, et ses séjours de Florence et de Rome étaient loin d'offrir des actions d'éclat ou de vertu à signaler.

Pour apaiser les mécontents qui murmuraient contre

(1) Fontenay-Mareuil, *Mémoires*.

cette fortune soudaine, Concini leur ouvrit d'une main libérale les coffres du trésor public. Tout fut pour le mieux dans le meilleur des mondes possible, tant que l'argent dura, mais aussitôt la curée terminée, quand les épargnes que le feu roi avait amassées à grand peine pour soutenir la guerre contre l'Autriche, eurent passé dans le gouffre insatiable des poches toujours béantes de MM. les Princes, ceux-ci sentirent renaître en eux leurs velléités d'ambition, et la guerre civile, un instant suspendue par le traité de Ste-Menehould, recommença de nouveau.

La Picardie avait alors pour gouverneur Henri d'Orléans, duc de Longueville et d'Estouteville, pair de France, comte souverain de Neufchâtel et de Valenguy en Suisse, comte de Dunois de Chaumont et Tancarville, et connétable héréditaire de Normandie. L'un des membres de la ligue des princes contre la régente, il s'était empressé, dès le 9 août 1614, de prendre possession de ce gouvernement qu'il avait reçu au berceau, à la mort de son père tué à Doullens, et qu'avait jusqu'alors exercé provisoirement, en son nom, son oncle paternel, François d'Orléans, comte de St.-Pol. De son côté, Concini voulant s'assurer du poste important de la citadelle d'Amiens qui, en cas de revers de fortune, pouvait lui servir de refuge et lui permettre au besoin de gagner facilement la frontière, s'était emparé du pont des Becquerelles, qui la séparait de la ville, et y avait fait placer un pont-levis. Par ce moyen, raconte Decourt, on ne pouvait sortir de la cité sans sa permission (1). Se

(1) Decourt, *Mémoires chronologiques et civils de la ville d'Amiens.*

rendre maitre de la citadelle était le rêve du duc de Longueville. Affable et populaire, comme tous les princes de sa race, Henri d'Orléans, avec son caractère noble et généreux, mais faible, s'engageant aisément, se dégageant volontiers, au fond sans passion et sans ambition, possédant tout ce qu'il fallait pour briller au second rang, mais incapable du premier, comme le dit avec tant de justesse le grand écrivain auquel nous empruntons ce portrait touché de main de maître (1), Henri d'Orléans, pour arriver à ce but, chercha à gagner à sa cause de nombreux partisans. Nous le voyons flatter adroitement toutes les classes de la société, et principalement les vanités de la bourgeoisie riche et indépendante, sourire avec grâce à l'encens poétique du bon chanoine de La Morlière, qui célèbre sa venue en lui offrant sa *Pollyrrhoe, Nymphe superintendante de Some et Déesse de son Archipel*, et ne pas dédaigner de venir s'asseoir avec sa brillante suite sous les lambris de la maison du Pot-d'Étain, dans la rue au Lin, au milieu des notables de la ville, au banquet que, le jour de la Chandeleur 1615, M° Germain Séjourné, marchand drapier et chaussetier, offrait à ses confrères, les maitres de la confrérie de Notre-Dame du Puy (2).

Un tel projet, du reste, ne devait rencontrer que sympathie dans le cœur des Amiénois. Ils n'oubliaient pas que le boulevard élevé contre l'Artois, par Évrard

---

(1) Cousin, Mme *de Longueville*, t. I, p. 218.

(2) Breuil, *la confrérie de N.-D. du Puy*, Mémoires de la Société des Antiquaires de Picardie, t. XIII, p. 521.

de Bar-le-Duc, était un monument insultant de la perte de leurs antiques franchises, de l'anéantissement de leurs plus glorieux priviléges. Sûr de leur appui moral et, au besoin, d'un concours plus efficace encore de leur part, Henri d'Orléans se résoud enfin à tenter l'enlèvement de la citadelle à main armée. Suivi de plusieurs de ses gentilshommes et de la compagnie d'infanterie de Lierville, qui gardait alors la porte St.-Pierre, il se rend au couvent des Célestins, sous le prétexte d'y entendre la messe. Ayant mis pied à terre devant la porte du couvent, il envoie trois de ses gentilshommes, assistés de serruriers, afin de rompre les chaines du pont. Du Thiers, attaché au maréchal d'Ancre, se promenait par hasard sur l'esplanade. Voyant ce qui se passe, il accourt au pont et représente aux agents du duc de Longueville qu'ils entreprennent sur l'autorité du gouverneur. Ceux-ci répondent avec hauteur que leur maitre n'a point de compte à rendre de ses actions à Concini. Du Thiers met alors l'épée à la main, appelle à son aide les soldats de la citadelle et chasse ses adversaires. Cependant le bruit de ce débat se répand de tout côté. Les boutiques et les maisons de la ville se ferment, la milice bourgeoise prend les armes et s'assemble aux lieux ordinaires de ses réunions (1). Le canon des bastions est braqué sur le couvent des Célestins; mais cette menace, loin d'intimider le duc, ses soldats et les habitants qui se sont joints à lui pour cette expédition, ne fait que porter leur animation au comble; une lutte est imminente! Ce-

---

(1) Pagès, édit. Douchet, t. IV, p. 295.

pendant, avant d'en venir aux mains, de nouveaux pourparlers s'engagent entre Henri d'Orléans et Hauteclocque, lieutenant du maréchal d'Ancre. Hauteclocque, pressé par les arguments chaleureux du duc et de ses partisans, allait leur procurer une victoire facile en consentant à la destruction du pont, quand l'énergique Du Thiers, qui ne l'avait pas quitté, répondit qu'il était plutôt prêt à mourir que de le voir jeter bas. Cette obstination mit fin à l'incident. Hauteclocque supplia à son tour le duc de ne rien tenter, et celui-ci, cédant à sa faiblesse naturelle, y consentit enfin et reprit le chemin de la ville. Quant à Du Thiers, craignant encore quelque entreprise de la part des bourgeois, il resta ferme à son poste, s'y fit apporter à manger et ne l'abandonna de sa personne qu'après en avoir confié la garde aux soldats italiens de la garnison, tout dévoués à leur puissant compatriote. Le commandement de la compagnie des chevau-légers du roi récompensa bientôt ce gentilhomme de son attachement au maréchal (1).

Bien que ce différent n'eut pas eu de suites fâcheuses, il eut cependant pour effet d'augmenter la mésintelligence qui régnait déjà entre les habitants et les soldats italiens qui baptisèrent ironiquement le pont, cause première de la querelle, du nom de Pont Dolent ou du Débat. Malheureusement cette mésintelligence allait se traduire de la part de ces derniers en actes de violence que n'encourageait que trop l'impunité dont ils jouissaient.

(1) Histoires d'Amiens.

Une nuit, quelques-uns d'entr'eux se portent sur l'hôtel de l'Ecu de Bretagne, à l'angle des rues de Beauvais et des Capucins, où logeait le marquis de Bonnivet, l'un des partisans les plus déclarés de la faction des princes, et tentent sans succès de l'incendier à l'aide du pétard.

Durant le carnaval de 1615, le duc de Longueville se livrait, sur la grande et belle terrasse du couvent des religieux Augustins, au plaisir de la course du faquin. Ce divertissement, encore en usage aujourd'hui dans les manèges, consiste en un exercice d'adresse, dont le but est une tête de carton ou d'osier plantée sur un piquet, et qu'un cavalier lancé à toute bride doit, sans ralentir ni modifier l'allure de son cheval, enlever à la pointe de l'épée. Quelques bourgeois qui assistaient à ce spectacle se prirent à dire en matière de raillerie et avec une liberté de langage beaucoup plus picarde que prudente, que ce n'était point là la tête d'un faquin mais bien celle d'un maréchal. Informé de ces propos par d'indiscrets témoins, Hauteclocque envoya quérir le premier échevin Antoine Pingré, et lui fit des plaintes amères à ce sujet, demandant la punition sévère de telles impertinences. Ce magistrat, soit qu'il n'ait pu découvrir les auteurs de ces propos, soit qu'il n'ait pas voulu tenir compte de ces observations, ne donna aucune suite à l'affaire. Pour se venger, Hauteclocque envoya une nuit vers deux heures du matin 12 soldats qui, dans le dessein d'assassiner Pingré ou tout au moins de le maltraiter, vinrent frapper à la porte de sa maison, située dans le milieu de la rue des Orfèvres. L'un d'eux répondit à la servante qui, réveillée par le bruit, s'enquérait du but de cette visite nocturne, qu'il venait de la part de Mme la duchesse de Longueville pour lui parler d'affaires importantes. Cette réponse, toutefois, n'eut d'autre effet que de faire naître le soupçon dans l'esprit de cette femme et dans celui du premier échevin ; la porte demeura close, et après avoir inutilement tenté d'en faire sauter les ferrements à coups de pistolets, les assaillants s'enfuirent avec précipitation voyant leurs projets avortés.

Enfin, un soldat ayant donné un gros chapelet à parfumer à un apothicaire de la rue des Vergeaux au coin de la rue des Jeunes-Mâtins, accusa ce dernier de lui en avoir détaché une dizaine de grains. Le garçon auquel il s'adressait lui répondit fièrement que son patron, Nicolas Lebel, maître de la confrérie du Puy et l'un des plus notables membres de la bannière de Saint-Luc, était incapable d'une pareille indélicatesse. Une discussion violente s'engage, le soldat tire son coutelas, en blesse son interlocuteur à la tête, prend la fuite, et, serré de près par les bourgeois qui le poursuivent, il se réfugie dans l'église de Saint-Firmin-en-Castillon. Sans s'inquiéter de la sainteté du lieu, ils l'arrêtèrent dans l'église même et le livrèrent au lieutenant-criminel, qui sur le champ fit instruire son procès. Quelques jours après, le meurtrier était pendu sur le Marché-aux-Herbes disent quelques relations, sur la Place-au-Blé selon d'autres témoignages, comme coupable de contravention aux ordonnances qui défendaient aux soldats, sous peine de mort, de mettre l'épée à la main. Le procureur du roi n'avait cependant conclu contre lui qu'à une amende honorable devant la porte de la maison de Lebel et au bannissement. La blessure du garçon apothicaire avait en effet été si légère qu'elle lui avait permis d'assister comme spectateur au supplice de l'italien. Ce malheureux, du reste, montra à ses derniers moments un grand repentir de sa criminelle action, disant avec simplicité que Dieu le punissait de ce qu'il n'avait point assisté à la messe le jour de son forfait.

Cet acte de vigueur, loin d'imposer un frein salutaire à leurs excès, ralluma dans toute leur effervescence les mauvaises passions des soldats italiens. Ne pouvant s'en prendre au lieutenant criminel, ils résolurent de faire retomber les coups de leur vengeance sur la personne du sergent-major de la citadelle, coupable à leurs yeux de ne s'être pas opposé à l'exécution de leur camarade, et d'avoir même contribué et poussé de tout son pouvoir à la répression du crime.

La place de sergent-major de la citadelle d'Amiens était alors occupée par Pierre de Prouville, gentilhomme picard, seigneur de Prouville et de Hangart. Vieux compagnon d'armes du roi Henri, le corps couvert des cicatrices honorables qu'il avait gagnées dans les combats, Prouville avait au siége d'Amiens perdu une jambe fracassée d'un coup de boulet. Récompensé d'abord par le grade de capitaine du château de Picquigny, lorsque Henri IV eut fait construire la citadelle qui devait à la fois protéger la cité reconquise contre les ennemis du dehors et les traîtres du dedans, ce prince n'estima pas mieux en confier la garde qu'à la fidélité éprouvée de

Dominique de Vic et à la surveillance de Prouville, auquel, outre une pension de 1,200 écus, il accordait le grade de sergent-major aux appointements ordinaires de 800 écus (1).

Le jour de la Magdelaine, 22 juillet 1615, sur les dix heures du matin, comme Prouville rentrait de la citadelle et passait sur le pont Dolent, il fut rencontré par le chef du complot nommé Alphonse. Cet homme qui n'était de retour à Amiens que, depuis peu de jours, ayant dû quitter momentanément la ville, à la suite d'une rixe avec un habitant qu'il avait maltraité de concert avec quelques-uns de ses camarades, salua militairement Prouville. Comme le glorieux amputé se mettait en devoir de répondre à cet acte de déférence, l'italien se jetant brusquement sur lui, lui porta deux coups de poignard et s'enfuit précipitamment dans la citadelle. Se sentant dangereusement blessé, Prouville fut obligé de descendre de cheval avec l'aide de quelques personnes qui se trouvaient là par hasard; il ne tarda pas à expirer dans leurs bras.

Prouville était fort aimé des Amiénois dont il partageait les opinions politiques. La justice se rendit sur les lieux pour dresser procès-verbal, faire enlever le corps et réclamer l'assassin, mais Hautelocque refusa de le lui liver à cause de la précipitation qu'on avait apportée dans l'affaire du chapelet. Il annonça au reste qu'Al-

---

(1) Conclusions civiles de dame Marie Bochart, veuve de feu messire Pierre de Prouville. Bibliothèque impériale, *Histoire de France*, L[n] 36. — 1057, page 7.

phonse n'étant point comme soldat justiciable du lieutenant criminel, il allait en référer à la Cour et au maréchal d'Ancre, pour savoir quelle conduite il devait tenir en cette occurrence ; que selon la réponse qu'il recevrait, il livrerait le coupable au prévôt des Maréchaux ou à tous autres qu'il appartiendrait, qu'au surplus c'était sans préméditation, et pour une insulte personnelle, qu'Alphonse avait tué M. de Prouville. Cette conduite n'avait pour but que de gagner du temps. Deux jours après le crime, le roi de France écrivait aux habitants d'Amiens une lettre par laquelle il leur mandait de ne prendre aucune mesure extraordinaire, leur promettant une punition exemplaire de l'assassin (1).

Mais cette punition sévère, que la lettre royale promettait si solennellement, ne devait pas recevoir son exécution. Dès que M. de Nerestan, que la Cour envoyait pour prendre des informations, fut sur le point d'accomplir sa mission, Hautelocque rompant les portes de la prison où était détenu Alphonse, sortit avec lui sous l'escorte de trois ou quatre soldats par la porte de secours de la citadelle qu'il laissa ouverte et gagna la Flandre à cheval. Les officiers de la citadelle élurent provisoirement le sieur de Meigneux pour prendre le commandement de la place jusqu'à l'arrivée de Nerestan.

L'impunité du meurtre de Prouville faillit amener de nouveaux troubles dans Amiens. Les habitants n'ayant plus assez de plaintes pour exhaler leur haine contre

(1) Cette lettre est imprimée dans le *Recueil des Documents inédits de l'Histoire du Tiers-État*, par A. Thierry. T. III, page 15.

le Maréchal-d'Ancre, que l'opinion publique accusait d'être l'instigateur du crime, résolurent d'attaquer la citadelle et d'en expulser les italiens. Le duc de Longueville, réuni à Coucy-le-Château avec les princes confédérés, s'empressa de revenir, sur l'appel secret qui lui avait été fait, pour prendre la direction du mouvement. Mais le 3 août, Nerestan qui avait reçu de nombreux renforts, fit mander les échevins à la citadelle et après les avoir fait passer entre la haie compacte de toute sa garnison sous les armes, leur communiqua des ordres du roi, qui leur défendait expressément et sous peine de la vie de recevoir dans la ville aucun des princes rebelles. La situation était délicate ; le duc de Longueville était déjà arrivé à Amiens. Il avait le jour même assisté à la messe à la cathédrale, ainsi qu'à la procession qui l'avait suivie ; ce fut seulement après son diner qu'il apprit ce qui se passait à son sujet. Il sortit aussitôt du Logis-du-Roi pour s'informer de ce qui se faisait à l'Hôtel-de-Ville. Rencontré en route par plusieurs de ses partisans qui le supplièrent de quitter la ville, Henri d'Orléans répondit qu'il ne voulait pas qu'à son occasion Amiens fut exposé à quelque danger ; il se retira à pied à la porte de Noyon dont quelques amis s'étaient assurés et où on lui amena son cheval qu'il monta immédiatement et sur lequel il se retira à Corbie. L'on affirme cependant, ce qui est plus probable, que ce ne fut qu'à la sollicitation pressante des magistrats municipaux qu'il consentit à adopter cette résolution. Quoiqu'il en soit, les Amiénois regrettèrent fort qu'on n'eût point eu plus de temps pour prendre des arrangements avec ce prince, afin de lui faire quitter la ville moins promptement et avec plus d'égards. Quelques jours après ce départ, le maréchal d'Ancre vint lui-même habiter la citadelle, et sa présence fut pour les Amiénois le signal d'un redoublement de vexations que le temps limité dont il nous est donné de disposer ne nous permet pas de raconter ici.

Le 24 avril 1617, 21 mois environ après ces évènements, un long cri de joie traversait la France, et les Amiénois, en signe d'allégresse, paraient à l'envi leurs chapeaux de feuilles vertes de lauriers (1). Le maréchal d'Ancre, à la suite d'un complot ourdi par un autre ambitieux, alors simple maître du cabinet des oiseaux du roi, avait été, de l'ordre exprès de ce prince, tué par Vitry capitaine des gardes, sur le pont tournant du Louvre. Jamais victoire remportée sur l'Anglais ou l'Espagnol n'avait été célébrée avec plus d'enthousiasme que ne le fut l'assassinat de sang-froid qui inaugura le premier acte de la volonté de Louis-le-Juste. Tous les corps constitués allèrent féliciter le Roi. Paris retentit d'immenses acclamations ; des feux brillants illuminèrent les rues et les carrefours. « L'explosion de la joie publique, dit Henri Martin, fut suivie de scènes ignobles et atroces. » Le lendemain matin, les laquais des grands seigneurs, entraînant à leur suite la lie de la populace, se portèrent à l'église St.-Germain-l'Auxerrois, dans laquelle l'on avait en cachette, sous les orgues, inhumé le maréchal d'Ancre ; ils déterrèrent son cadavre, le traînèrent par la ville avec des huées et des clameurs obscènes, dans

(1) Pagès, *ibid.*, p. 325.

lesquelles le nom de la reine-mère était mêlé au nom de Concini, et finirent par mettre en pièces et par brûler ses restes. Un forcené vêtu de rouge, cet éternel monstre qu'on rencontre dans toutes les journées de notre histoire où le sang suinte du pavé, qu'elles s'appellent extermination des Armagnacs, Saint-Barthélemy ou massacre des Carmes et de l'Abbaye, un forcené fit rôtir le cœur du maréchal et le dévora. Après les saturnales sanglantes de la rue, vinrent les saturnales plus ignobles et plus basses encore des beaux esprits du temps. *La mort du faquin de Concini, la complainte du gibet de Montfaucon, la juste punition du Lycaon florentin* et un déluge de pièces de vers, de chansons et de pamphlets satyriques et orduriers sous des titres analogues, célèbrerent à l'envi la chûte du favori et l'émancipation du roi. La Bibliothèque Impériale à elle seule possède plus de 80 de ces pièces, dont les auteurs, la plupart anonymes, insulteurs du lendemain, comptaient peut-être au rang des plus faméliques adulateurs de la veille.

La chûte et les dépouilles de Concini ne pouvaient satisfaire l'ambition de De Luynes, son successeur. Il comprit habilement que, pour assurer son nouveau pouvoir, il fallait, par un abîme profond, séparer la mère du fils, en compromettant pour ainsi dire juridiquement le nom de la reine. Une accusation capitale fut dirigée contre la Galigaï, sa favorite, tandis qu'un procès criminel était intenté devant le Parlement de Paris, à la mémoire du maréchal d'Ancre. La veuve de Prouville, dame Marie Bochart, se porta demanderesse et accusatrice à l'encontre du feu marquis d'Ancre et de sa femme, et des conclusions civiles furent présentées en son nom et au nom de ses enfants mineurs. Il existe encore à la Bibliothèque impériale un exemplaire de ce Mémoire, long de 29 pages in-8°, imprimé à Paris par Jean Sara, rue St.-Jean-de-Beauvais, et dû à Hérault, avocat au Parlement, dit, d'après une note manuscrite, le catalogue, nouvellement mis au jour, des richesses bibliographiques du dépôt de la rue Richelieu. Malgré ce renseignement dont nous n'avons cependant trouvé nulle trace sur la pièce qui nous a été communiquée, il nous faut conclure que le mandataire choisi par la veuve de Prouville, pour revendiquer la réparation du crime à son préjudice, n'est autre que Didier Hérault, philologue et jurisconsulte distingué, si connu par ses querelles avec Saumaise, et qui d'abord, professeur de langue grecque à l'Académie protestante de Sedan, s'était, en 1611, à la suite de discussions religieuses, vu contraint de se démettre de cette chaire. S'étant alors rendu à Paris, il s'y était fait recevoir avocat au Parlement, et avait en peu de temps su se créer par ses talents une nombreuse et riche clientèle.

Ce Mémoire commence ainsi :

« Ce sont les conclusions civiles que par devant vous N. S. tenant
» la Cour du Parlement, dame Marie Bochart, veuve de feu mes-
» sire Pierre de Prouville, vivant chevalier, sr dudit lieu et de
» Hangars, sergent-major des ville et citadelle d'Amiens, tant en
» son nom que comme mère et tutrice des enfants mineurs dudit
» défunct sr de Prouville, et elle demanderesse et accusatrice à l'en-
» contre du feu Conchino Conchini, marquis d'Ancre, de Léonora
» Galigaï, sa vefve, et de leurs complices, défendeurs et accusez,

» à ce que ledit défunct Conchini et lad. Galigaï, sa vefve, et autres
» complices, soient déclarez bien et duement atteints et convaincus
» du crime de lèse-majesté pour raison du meurtre détestable et
» inhumain proditoirement commis en la personne dud. feu s^r de
» Prouville, serg^t-major desd. ville et citadelle d'Amiens, de leur
» ordonnance, instigation et induction, pour en ce faisant usurper
» une domination tyrannique et absolue dans lad. place contre l'au-
» thorité du roy, la paix et tranquillité de son royaume et que pour
» réparation civile, dommages et intérêts de la demanderesse, ils
» soient condamnés solidairement à cent cinquante mil livres qui
» seront pris sur tous et chacuns leurs biens ensemble és-dépens du
» procès, dommages-intérêts, sauf à M. le procureur général du
» roy prendre telles autres conclusions qu'il advisera bonnes être
» pour l'expiation d'un si exécrable assassinat. »

Après avoir exposé les services militaires de Prouville, la fidélité éprouvée du vieux soldat, la récompense qui en avait été le prix, sa fin tragique et les poursuites inutilement tentées jusqu'à ce jour par sa veuve, Hérault, abordant le point de fait, montrait par quels motifs le maréchal d'Ancre avait été porté à commettre le crime dont il revendiquait la réparation. Concini avait mandé à Paris Prouville, dans l'espoir de l'y rattacher à son parti ; il l'avait retenu plusieurs mois dans la capitale, lui disant tout ce qu'il voulait faire pour lui, et, désespérant enfin de le gagner à ses desseins, l'avait renvoyé à Amiens. Le jour même de son arrivée, Prouville était allé rendre visite au duc de Longueville, et avait apaisé une contention entre les soldats et la population. Cette marque de déférence envers un ennemi de Concini devait être pour Prouville un arrêt de mort. En effet, l'on expédie à Amiens Alphonse, qui en avait dû fuir quelques jours avant pour avoir donné des coups de poignard à un garçon apothicaire qui refusait de lui livrer du poison. Le 22 juillet, jour du crime, Vincent Ludovici, l'un des secrétaires du marquis d'Ancre, arrive en poste à la citadelle. Trois heures après Hauteclocque et deux gentilshommes, au nombre desquels figure Montaubert, *l'un des plus abandonnez instruments de la tyrannie du marquis d'Ancre, qu'homme qui fut à son service*, font prier Prouville de se rendre auprès d'eux pour communiquer ensemble d'affaires importantes concernant le service du roi.

« Le sr de Prouville s'y transporte, s'écrie l'avocat, on le veut
» retenir à dîner (et la fille de l'un des secrétaires du tyran s'est
» vantée que s'il y fust demeuré, on lui eut fait boire d'un vin
» blanc qui eut fait le même effect que le poignard du meurtrier);
» on le veut donc retenir à dîner, il s'en excuse, tant à cause que le
» matin il avait communié que pour son indisposition, et estant
» sorty de la citadelle et monté à cheval, il est rencontré à cent
» pas de là par Alphonse, qui le salue, et faisant semblant de luy
» donner la main, luy porte deux coups de poignard dans le sein,
» dont il tombe mort sur la place.

» Après le coup, le meurtrier se retire dans la citadelle, où il
» est arrêté par le sergent La Pierre, qui ignorait la menée, et
» mis entre les mains de Hauteclocque, qui fait mine de l'emprisonner.

» Mais estant sommé par deux gentilshommes envoyez par Mgr
» le duc de Longueville, gouverneur de la province, et encore par 5
» archers envoyez par le lieutt-criminel d'Amiens de le représenter,
il découvre ce qui estoit de son intention, car au lieu d'obéir à la

» justice et aux commandements qui luy estoient faits de par le roy,
» il ne fait autre response, sinon qu'il se chargeait luy-même du
» prisonnier, et qu'il en ferait ce qu'il luy seroit ordonné par le
» maréchal d'Ancre, son maître.

» Et de fait, 3 jours après, le feu maréchal d'Ancre ayant fait
» savoir sa volonté à Hauteclocque par un gentilhomme envoyé
» exprès, Hauteclocque fait sortir luy-mesme le prisonnier hors de
» la citadelle à heure de minuit, laissant la porte qui est du costé
» de la frontière ouverte, et la citadelle sans commandement, sinon
» de deux gentilshommes cy-dessus mentionnez qui estaient arrivez
» 3 jours avant l'assassinat, et le conduit le matin avec trois soldats
» dans la ville d'Anvers (1). »

Après cet exposé des faits, l'avocat, par une suite habilement combinée d'arguments appuyés sur des textes tirés de l'histoire sacrée ou profane, et d'exemples puisés dans les saintes écritures, suivant l'usage du barreau d'alors, établissait : que le meurtre de Prouville constituait un véritable crime de lèse-majesté, puisque la victime était officier du roi ; qu'elle avait été assassinée parce qu'elle faisait obstacle aux desseins du maréchal d'Ancre, et seulement à cause de sa fidélité au service du prince, contre l'autorité duquel se dressaient tous les desseins de Concini et de Galigaï, *ces ennemis publics*. Enveloppant dans la même accusation le Maréchal, Alphonse, Vincent, Montaubert, et Hauteclocque replacé comme gouverneur de Quillebœuf où il se trouvait encore à la mort de son protecteur, Hérault leur adjoignait encore comme complice et principalement comme instigatrice, Léonora Galigaï.

(1) *Conclusions civiles*, page 9.

« Il est notoire, s'écriait-il, que non-seulement elle a eu part
» à tous ces desseins et pernicieuse résolution, mais mesme qu'elle
» en a été le plus souvent instigatrice. Il n'y a personne qui ne
» congnoisse son ambition démesurée et son avarice insatiable, qui
» sont les deux principales sources de tous les maux qui ont ravagé
» cet estat. Ces deux passions ont des effects furieux où elles s'affer-
» missent, mais principalement quand elles se rencontrent dans la
» femme, laquelle estant née pour obéir et estre assujettie à la
» conduite du sexe plus parfait, si elle vient à prendre part à
» l'authorité du mary et à avoir le dessus, c'est un miracle si elle
» en use avec modération (1). »

Enfin après avoir dévoilé le tableau des tracasseries et des dénis de justice dont la dame de Prouville avait été l'objet dans l'œuvre de réparation sainte qu'elle avait entreprise, Hérault suppliait le Parlement d'adjuger à cette veuve infortunée et à ses enfants le bénéfice des conclusions qu'il avait déposées à la barre, tant à cause de la grandeur de la perte qu'ils avaient faite, perte immense et irréparable, que des frais extrêmes montant à plus de 20,000 livres qu'elle avait été contrainte de supporter, n'ayant pu faire donner un seul exploit qu'à prix d'argent (2).

Nous nous bornerons à cet épisode du procès ; on en connaît le reste. On sait par quels artifices le Parlement fut amené à condamner comme sorcière la Galigaï, coupable en réalité d'avoir, comme elle le disait elle-même, exercé le pouvoir *qu'une habile femme a sur une ba-*

---

(1) *Conclusions civiles*, page 20.
(2) *Ibidem*, page 24.

lourde. On sait aussi avec quel courage la veuve du maréchal de France subit le supplice du feu, et comment, par sa constance et sa résignation, elle arracha des larmes à tous les témoins de sa misérable fin. Quant à la veuve de Prouville, elle obtint pour toutes réparations civiles, dépens, dommages et intérêts, sur les biens confisqués du maréchal, une somme de 24,000 livres parisis, le tiers à elle et les deux autres tiers aux enfants issus de son mariage, outre les sommes contenues aux arrêts à donner contre les complices du maréchal, Ludovici et Montaubert, élargis provisoirement pour être plus amplement informé contre eux, relativement aux faits imputés à leur charge (1). Au lieu de servir à dédommager les autres victimes de ses actes arbitraires, le surplus des grands biens du florentin vint former le noyau de la fortune de l'opulente maison de Luynes. Tel est d'ordinaire, dans les gouvernements absolus, le résultat des révolutions de palais et la moralité des renversements de favoris ; *Uno avulso, non deficit alter*.

(1) Jean de Serres. *Inventaire général de l'histoire de France*, t. IV.

Amiens. — Imp. LEMER aîné, place Périgord, 3.

www.ingramcontent.com/pod-product-compliance
Lightning Source LLC
Chambersburg PA
CBHW060913050426
42453CB00010B/1699